Dieses Buch gehört:
Max. H
3C

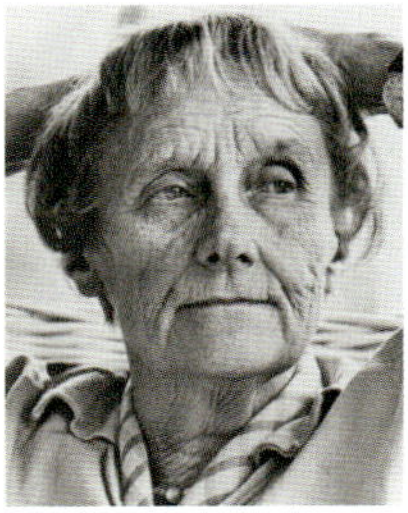

Astrid Lindgren wurde 1907 im schwedischen Småland geboren und starb 2002 in Stockholm. Sie gehört zu den bekanntesten Kinderbuchautoren der Welt und wurde u.a. mit dem Friedenspreis des Deutschen Buchhandels, dem Alternativen Nobelpreis, dem Schwedischen Staatspreis für Literatur sowie dem Hans-Christian-Andersen-Preis ausgezeichnet.

Katrin Engelking, 1970 in Bückeburg geboren, studierte an der Fachhochschule für Gestaltung in Hamburg Illustration und arbeitet seit 1994 als freie Künstlerin. 1995 veröffentlichte sie bei Oetinger ihr erstes Buch, heute gehört sie zu den wichtigsten Illustratorinnen des Verlages.

Astrid Lindgren

Pippi plündert den Weihnachtsbaum

Deutsch von Senta Kapoun
Bilder von Katrin Engelking

Verlag Friedrich Oetinger · Hamburg

Inhalt

1. Pippis Plakat

An einem Tag in den Weihnachtsferien geschah etwas Seltsames in der kleinen Stadt.
An die Tür des kleinen Rathauses, das am Marktplatz stand, hatte jemand ein großes Plakat angenagelt, und auf dem Plakat stand geschrieben:

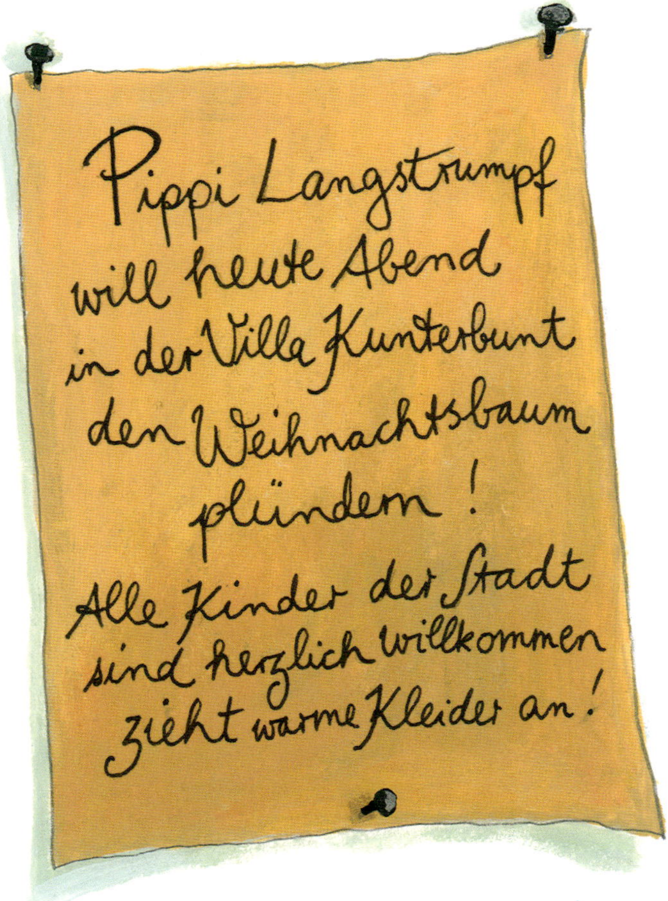

Pippi hatte das natürlich nicht selbst geschrieben. Sie hätte ein Wort wie Weihnachtsbaum gar nicht richtig schreiben können. Tommy hatte ihr geholfen.
Den ganzen Tag über drängten sich die Kinder vor dem Rathaus und buchstabierten an dem Plakat herum, und als sie fertig gelesen

hatten, jubelten sie laut und liefen nach Hause zu ihren Müttern, so schnell die Beine sie trugen.
Sie mussten von der Einladung erzählen und um Erlaubnis bitten, dass sie hingehen durften.
Tommy und Annika hatten ja schon ziemlich lange gewusst, dass Pippi ein Plünderfest geben wollte, und trotzdem waren sie ebenso ungeduldig.

Sie saßen zu Hause in ihrem Kinderzimmer und warteten und warteten, dass es Abend wurde.
Sonst waren sie meist den ganzen Tag über bei Pippi, aber diesmal hatte Pippi gesagt, sie wäre lieber allein bei den Vorbereitungen zum Plünderfest.

2. Folgt der Spur und esst sie auf!

Viel Schnee war während der Weihnachtsferien gefallen, aber am Plünderfestabend, als alle Kinder in einem langen Zug zur Villa Kunterbunt kamen, war es sternklar und still und gerade richtig kalt.
Tommy und Annika gingen vorneweg.

Als aber Tommy die Gartentür der Villa Kunterbunt öffnete, blieb er plötzlich stehen und schrie auf. Was war denn nun los?
Kein Licht leuchtete in den Fenstern der Villa Kunterbunt, nicht das kleinste bisschen Licht.
Da lag das Haus unter den schneeschweren Bäumen und schien wie ausgestorben.
Unter den Kindern entstand große Unruhe.
„Vielleicht kommen wir am falschen Abend“, sagte ein kleiner Junge. „Vielleicht ist das Plünderfest erst morgen.“
Ach, was für eine Enttäuschung! Wo sie sich doch so schrecklich gefreut hatten.

Tommy lief auf die Veranda und drückte die Türklinke herunter. Die Tür war zugeschlossen! Ein kleines Mädchen war so traurig, dass es zu weinen anfing. Ja, da blieb ihnen wohl nichts anderes übrig, als wieder nach Hause zu gehen. Sie gingen auf die Gartentür zu. Es war eine ungewöhnlich düstere Kinderschar, die sich bemühte, nicht zu zeigen, wie traurig alle eigentlich waren. Da kam Herr Nilsson, Pippis Äffchen, angehüpft. Er hatte einen dicken Overall an. Den hatte Pippi genäht, damit Herr Nilsson nicht fror im Winterschnee.

Herr Nilsson sprang Tommy auf die Schulter und überreichte ihm ein Blatt Papier.
„Ihr werdet sehen, Pippi hat sich eine Überraschung ausgedacht“, sagte Tommy vergnügt und las den Zettel. Da stand mit großen Buchstaben:

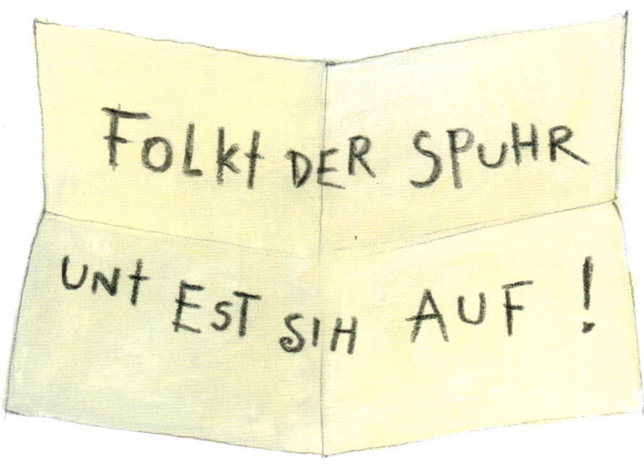

Geschrieben war das ja sehr eigenartig, aber Tommy begriff, dass es heißen sollte: Folgt der Spur und esst sie auf!
Welcher Spur? Und was war damit gemeint: Esst sie auf? Man konnte doch wohl eine Spur nicht aufessen?
„Guckt mal!“, schrie Tommy plötzlich. „Dort! Guckt mal, im Schnee!“ Und wahrhaftig, auf dem weißen Schnee schlängelte sich eine ganz rote Spur, eine Spur, die aus roten Bonbons gemacht war und die hinter der Hausecke der Villa Kunterbunt verschwand.
Eine Minute später hatten die Kinder die Spur bis zur Hausecke aufgegessen, und dahinter – ja, dahinter hätten sie sich an den Bonbons vor Staunen fast verschluckt.

3. Pippis Tannenbaum

„Was für ein Tannenbaum", flüsterte Annika. „Oh, was für ein Tannenbaum!"
Und da musste man ihr recht geben.
Es wuchsen viele Bäume in Pippis Garten, aber mittendrin hinter dem Haus stand eine Tanne, eine hohe, dunkelgrüne, wunderschöne Tanne. Nun erstrahlte sie im Lichterglanz.
Es waren keine kleinen Tannenbaumkerzen, sondern große, dicke Kerzen, deren Flammen den ganzen Garten hell machten. Aber in der Tanne gab es nicht nur Kerzen. Dort hingen riesengroße Lebkuchenmänner und riesige Körbe aus Buntpapier und kolossale Zuckerkringel und die herrlichsten Knallbonbons, und über und über war der Baum mit Fähnchen besteckt. Und das Merkwürdigste von allem war: Dort hingen eine Menge Pakete!
Zuerst standen die Kinder ganz still da. Aber dann stießen sie ein lautes Freudengeheul aus.

„Oh, wie lieb Pippi ist!“, schrien sie.
Pippi! Ja, wo war sie? Sie war noch immer nirgends zu entdecken. Doch gleich neben der Tanne war eine große Schneehütte, die Pippi und Tommy und Annika gebaut hatten. Nun leuchtete ein Licht in den Gucklöchern der Hütte, und aus dem Eingang ragte ein roter Kopf.

„Ist da jemand, der heiße Schokolade und Torte haben will, ehe wir um den Tannenbaum tanzen?“, schrie Pippi.
Ja, alle Kinder wollten Schokolade und Torte haben. Eins nach dem andern kroch in die Hütte.
„Haben wir nicht eine feine Hütte gebaut?“,

fragte Tommy zufrieden, als er zusammen mit den andern auf dem Boden saß.

Darin waren sich alle einig. Es war wirklich eine sehr feine Hütte. Pippi hatte einen großen Kessel mit dampfender Schokolade mitten im Raum aufgestellt und auch eine ganze Menge Torten.

4. Der kleine Junge

Sie wollte eben mit dem Servieren beginnen, als sie zufällig einen Blick aus einem der Fensterchen warf.
Drüben an der Hausecke stand ein kleiner Junge.

Er wohnte erst seit wenigen Tagen in der kleinen Stadt und kannte Pippi noch nicht, und nun dachte er natürlich, es sei ganz unmöglich, dass er zu ihrem Plünderfest eingeladen sei. Den ganzen Tag war er mit einem dicken Klumpen Traurigkeit im Hals herumgegangen, und als der Abend gekommen war, musste er einfach hinter den anderen hergehen, nur um zu gucken. Eigentlich wollte er von niemandem gesehen werden.

Nun stand er also an der Hausecke und sah sich den herrlichen Weihnachtsbaum an und die Schneehütte, in der die Kinder saßen und lachten und redeten, und der Klumpen im Hals fühlte sich plötzlich so dick an, dass es richtig wehtat.

In diesem Augenblick entdeckte Pippi ihn.

Der kleine Junge erschrak sehr, als sie gleich darauf aus der Hütte gekrochen kam.

Er wollte weglaufen, aber er konnte sich nicht losreißen.

„Was bist du denn für einer?“, fragte Pippi.

„Ich heiße Elof“, sagte der Junge. „Ich ... ich fasse bestimmt nichts an.“ Dann sagte er hastig: „Ob ich vielleicht ein bisschen mit in der Hütte sitzen könnte, wenn ich fest verspreche, dass ich nichts esse?“
Das war ihm herausgerutscht, ehe er zum

Nachdenken kam. Denn er wollte so gern wenigstens ein ganz kleines Weilchen mit in der Hütte sein.
„Nie im Leben“, sagte Pippi.
Nun, etwas anderes hatte Elof natürlich nicht erwartet. Aber der Klumpen, den er jetzt im Hals hatte, fühlte sich womöglich noch dicker an als vorher.
„Nie im Leben darfst du in die Hütte kommen, wenn du versprichst, dass du nichts isst“, sagte Pippi. „Aber wenn du versprichst, dass du mehr isst als alle andern, dann bist du sehr willkommen.“
Und damit schob sie Elof in die Hütte. Dort saß er bald zwischen den andern am Boden und stopfte so viel Schokolade und Torte in sich hinein, dass der Klumpen im Hals gar keinen Platz mehr hatte. Und seine Augen strahlten um die Wette mit den Kerzen, die Pippi an den Schneewänden befestigt hatte.

5. Ein Hund namens Perk

Es schien aber noch jemanden zu geben, der zu Pippis Plünderfest kommen wollte.
Als die Kinder im schönsten Erzählen waren, hörten sie im Garten etwas jaulen, das sehr traurig und sehr verlassen klang. Pippi kroch hinaus, um nachzusehen, wer das sein konnte, der so kummervolle Töne von sich gab.
Ein Hund war es, der da heulte, ein zotteliger schwarzer Hund, der in einer Schneewehe saß und traurig aussah.

Pippi streckte die Arme nach ihm aus.
„Komm her zu Pippi, und erzähl ihr alles“, sagte sie.
Und war es nicht seltsam? Der schwarze Hund war mit zwei Sätzen bei ihr und rollte sich in ihren Armen zusammen, als hätte er sich lange danach gesehnt, gerade dort zu liegen.

Er quietschte und wimmerte, als versuchte er zu erzählen, weshalb er so traurig war.
„Ach, so ist das“, sagte Pippi. „Du Armer, du!“
„Wie ist das, Pippi?“, fragte Tommy.
„Verstehst du wirklich, was er sagt?“
„Warum sollte ich nicht verstehen, wenn mir jemand etwas in reinstem Schwedisch erzählt?“, sagte Pippi. „Er sagt, er heißt Perk und dass er ganz allein ist und keinen einzigen Menschen hat, der sich um ihn kümmert, und dass er drei Tage durch den Schnee gelaufen ist und ganz schrecklichen Hunger und Durst hat und dass er gern mein Hund sein möchte, wenn er darf.“
„Ach, Pippi, das darf er doch sicher?“, sagte Annika bittend.
Pippi nahm Perks Kopf zwischen ihre Hände und sah ihm in die Augen. „Er darf“, sagte sie.
Da sprang Perk auf und bellte und wedelte mit dem Schwanz und versuchte, Pippi über die Haare zu lecken und über die Stirn und über die Wangen.

Dann rollten sie zusammen im Schnee herum, bis Perk kein trauriger schwarzer Hund mehr war, sondern ein fröhlicher weißer Hund, der das Fell voll Schnee hatte. Pippi lief in die Villa Kunterbunt, um ein paar große Fleischstücke zu holen, die Perk anstelle der Sahnetorte essen sollte, und zu trinken bekam er eine große Schüssel Milch. Er war glücklich und kroch den ganzen Abend hinein in die Schneehütte und wieder hinaus und zwischen den Kindern herum.

Ab und zu stieß er im Freudentaumel eine Sahnetorte um.

(Ja, so war es also damals, als Pippi ihren Hund bekam.)

6. Krokodil und Klapperschlangen

„Stell dir vor, Pippi", sagte Tommy, „jetzt hast du einen Hund und ein Pferd und einen Affen in der Villa Kunterbunt."
„Ja, jetzt fehlen mir nur noch ein Krokodil und ein paar kleine Klapperschlangen", sagte Pippi vergnügt.

„Nein, Pippi, schaff dir keine Klapperschlangen an!“, schrie Annika ganz entsetzt. „Sonst traue ich mich nie wieder zu dir.“
„Man kann nie wissen“, sagte Pippi. „Eines schönen Abends kommt vielleicht eine weinende Klapperschlange zu mir und bittet mich, dass sie hierbleiben und mein Halsband sein darf.“

„Oh, wie schrecklich“, sagte Elof. „Was wirst du dann sagen, Pippi?“
„Eine vernünftige Bitte habe ich noch nie abschlagen können“, sagte Pippi. „Vermutlich werde ich auch zu der Klapperschlange bitte sehr sagen.“
„Huh!“, machte Annika. „Huh!“
„Kommt Zeit, kommt Rat“, sagte Pippi fröhlich. „Jetzt müssen wir mehr Torte essen.“

7. Schreckliches Kind!

Aber da gab es wahrhaftig noch jemanden, der zu Pippis Plünderfest kommen wollte. Nicht weit von der Villa Kunterbunt wohnte eine sehr böse Tante, die hieß Frau Finkvist.
Die konnte Kinder nicht leiden. Es dürfte überhaupt keine geben, fand sie. Wenn einmal Kinder an ihrem Haus vorbeigingen, steckte sie den Kopf zum Fenster hinaus und schimpfte, weil sie Krach machten.

Und von allen Kindern, die es gab, war Pippi Langstrumpf das allerschlimmste, fand sie. Zufällig machte Frau Finkvist einen kleinen Abendspaziergang an der Villa Kunterbunt vorbei. Gerade in dem Augenblick waren in der Schneehütte alle Torten aufgegessen, und Pippi lief in die Villa, um noch drei zu holen, die sie in Reserve hatte. Und da kam sie nun durch die Tür, eine Torte in jeder Hand

und eine auf dem Kopf, als Frau Finkvist vorbeiging.
Ratet mal, ob Frau Finkvist Pippi anglotzte? Frau Finkvist konnte ja Pippi Langstrumpf und überhaupt kein Kind leiden. Aber es gab etwas, das sie umso mehr mochte, und das war Sahnetorte. Sie war so verrückt nach Sahnetorte, dass sie wer weiß was getan hätte, nur um ein kleines Stück zu bekommen.

„Hör mal, du“, rief sie Pippi zu. „Wenn du mich sehr lieb bittest, kann ich ja hereinkommen und auch bei deinem Plünderfest mitmachen.“

Am selben Nachmittag hatte sie Pippi „schreckliches Kind“ nachgerufen, aber das hatte sie jetzt wohl vergessen. Alles wegen der Sahnetorte!

Pippi blieb einen Augenblick stehen. Sie machte eine stolze Bewegung mit dem Kopf, sodass die Sahnetorte fast heruntergefallen wäre.

Hinter dem Haus standen alle Kinder und guckten um die Ecke.

„Meine liebe Frau Finkvist“, sagte Pippi, „dieses Plünderfest ist nur für Kinder erlaubt. Das heißt, für Erwachsene ist es verboten. Für alle großen Leute ist es verboten, weil es nämlich nicht gesund für Große ist, Torte und Bonbons zu essen. Davon kriegen sie nur Bauchschmerzen und werden quengelig. Das sagt jedenfalls der Doktor“, sagte Pippi.

„Dummes Zeug!“, sagte Frau Finkvist.

„Doch, doch“, versicherte Pippi ernst.

„Ein Doktor in Amerika hat herausgefunden, dass große Leute nur gekochten Schellfisch und gedünstete Mohrrüben essen sollten. Zum Geburtstag dürfen sie vielleicht noch ein bisschen Kabeljaupudding haben."
„Aha", sagte Frau Finkvist beleidigt. „Und was, sagt dieser Doktor, sollen Kinder essen?"
„Bonbons zum Frühstück, Eis zum Mittag- und Sahnetorte zum Abendessen", sagte Pippi und lief um die Ecke.
„Schreckliches Kind!", schrie Frau Finkvist ihr nach.

8. Pippis Rodelbahn

„Was haltet ihr davon, wenn wir jetzt meine Rodelbahn ausprobieren?“, sagte Pippi, als Frau Finkvist verschwunden war.
Pippi hatte vom Dach der Villa Kunterbunt herunter eine Rodelbahn gebaut. Es war die höchste und steilste Bahn, die die Kinder in ihrem Leben gesehen hatten, und sie war glatt wie Schmierseife.
Diesen Hang konnte man auch sehr gut ohne Schlitten hinunterrodeln.
Man musste natürlich eine Leiter hinaufklettern, um auf das Dach zu gelangen, und das war ja ein bisschen mühsam, aber nach unten ging es dafür umso schneller. Und es war so lustig, und allen Kindern wurde heiß, und sie bekamen rote Backen und weiße Hosenböden, und der Tannenbaum stand da und leuchtete so wunderschön in der Dunkelheit. Man konnte ihn noch viel besser sehen, wenn man oben auf dem Dach saß,

ja, und man konnte auch viel besser sehen,
wie viele Pakete darin hingen.

Und es ging ein Schauder der Erwartung durch die Herzen der Kinder, wenn sie daran dachten, was wohl in den Paketen sein mochte.
„Hui, wir haben ja vergessen, um den Tannenbaum zu tanzen!“, schrie Pippi plötzlich.
Und da kullerte es wie Erbsen vom Dach, als alle Kinder auf einmal steil nach unten und hinein in den Schneehaufen rutschten.
„Ihr Kinderlein, kommet!“, schrie Pippi. „Kommt her und lasst die alten Weisen erklingen vom Weihnachtsmann, der mit seinen Gabeln kommt, und vom Esel, der bis Ostern im Hafer raschelt.“

„Nein, Pippi, so heißt das nicht“, sagte Annika streng.
„Wirklich nicht?“, sagte Pippi.
„Habe ich die lieben alten Weisen am Ende vergessen? Na, aber eine kann ich noch ganz genau: ‚Die Sternlein schlafen mit rotgoldnem Band, und warum tun sie das wohl, sie freien um das Bürgermeistertöchterlein und ziehen mit ihr in den Tannenwald, fallera!‘ Ist das nicht lustig?“
„Ach, Pippi, wie dumm du bist, es heißt ganz anders“, sagte Annika.

Trotzdem tanzten sie vergnügt um den Tannenbaum, obwohl Pippi alle Lieder ein bisschen durcheinanderbrachte.
Sie tanzten alle Kreisspiele, die sie kannten, und waren sich einig, dass es nichts Lustigeres gibt, als im Garten um den Weihnachtsbaum zu tanzen.
„Nächstes Jahr will ich meinen Tannenbaum auch im Garten haben“, sagte ein kleines Mädchen.

9. Weihnachtsbaum plündern

Dann kam das Allerschönste.
Die Pakete! Alle Kinder durften in den Tannenbaum klettern und sich ein Paket holen. Wenn sich jemand fürchtete, so hoch hinaufzuklettern, nahm ihm Herr Nilsson das gern ab und holte das Paket herunter.

Ach, wie war es spannend, alle diese Pakete zu öffnen, und was für herrliche Sachen waren darin!

Eisenbahnen und Autos, Kräne und Puppen, Bücher und Puzzlespiele und alles Mögliche gab es da.
Und dann musste nur noch der Weihnachtsbaum geplündert werden.

„Es ist wirklich viel lustiger, einen Weihnachtsbaum zu plündern, wenn man darin herumklettern darf“, sagte Tommy und hangelte sich vorsichtig einen Ast entlang, um einen Zuckerkringel zu erwischen.
„Das finde ich auch“, sagte Elof und rutschte auf dem Bauch vor bis zu einem Lebkuchenmann.

Schließlich gab es nicht einmal mehr einen Knallbonbon in der Tanne. Da kletterte Pippi hinauf und blies die Kerzen aus.

10. Lauter kleine Weihnachtsbäume

Es wurde dunkel im Garten der Villa Kunterbunt. Nein, nicht richtig dunkel. Der Schnee leuchtete weiß, und oben am Himmel funkelten die Sterne.

Es war Zeit, nach Hause zu gehen. Alle Kinder hatten eine Menge Lebkuchenmänner und Knallbonbons und Fähnchen zu schleppen.

„Ihr seht aus wie lauter kleine Weihnachtsbäume", sagte Pippi.

Und dann schenkte sie jedem noch einen Kerzenstummel, damit sie Weihnachtsbäumen noch ähnlicher sahen und sich auch heimleuchten konnten. Die Lichter spiegelten sich in ihren Augen, ja, es war, als leuchteten Kerzenflammen darin, als sie auf Pippi zugingen, um ihr Auf Wiedersehen zu sagen.

„Vielen Dank, Pippi“, sagte Annika. „Es war wirklich sehr schön.“
„Ja, das war das schönste Plünderfest, das ich je mitgemacht habe“, sagte Tommy.
„Das finde ich auch“, sagte Elof.

Perk bellte und sprang um Pippi herum. Er war bestimmt auch der Ansicht, das sei ein schönes Plünderfest gewesen. Und heute Nacht würde er nicht allein auf den Straßen herumlaufen müssen. Heute Nacht würde er neben Herrn Nilssons kleinem grünem Puppenbett auf dem Fußboden liegen.

„Gute Nacht, Pippi", sagten die Kinder.
„Ihr friert hoffentlich nicht", sagte Pippi. O nein, niemand fror. Allen war heiß. Es war doch so herrliches Wetter, sternklar und still und gerade richtig kalt.

Keine Lust mehr auf Bravsein!

LESESTARTER
3. Lesestufe

Astrid Lindgren
Als Klein-Ida auch mal Unfug machen wollte
ISBN 978-3-7891-2144-9

Illustration: Björn Berg

Oetinger

Weitere Informationen zu allen Produkten rund um Astrid Lindgrens Welt unter:
www.astrid-lindgren.de und **www.oetinger.de**

LESESTARTER
3. Lesestufe

Michel macht mal wieder Unfug!

Astrid Lindgren
Michels Unfug Nummer 325
ISBN 978-3-7891-1210-2

Illustration Björn Berg

Oetinger

Weitere Informationen zu allen Produkten rund um Astrid Lindgrens Welt unter:
www.astrid-lindgren.de und **www.oetinger.de**

MIX
Papier aus verantwortungsvollen Quellen
FSC® C002795

Überarbeitete Neuausgabe

1. Auflage

Die schwedische Originalausgabe erschien bei
Rabén & Sjögren Bokförlag, Stockholm, unter dem Titel
„Pippi Långstrump har julgransplundring“
Einband und Reihengestaltung von Andrea Pieper
Auslandsrechte vertreten durch The Astrid Lindgren Company,
Stockholm, Schweden
Mehr Informationen unter info@astridlindgren.se

ASTRID LINDGREN COMPANY

Erstmals erschienen 1981 mit Schwarz-Weiß-Illustrationen
im Verlag Friedrich Oetinger GmbH, Hamburg
Druck und Bindung: Livonia Print SIA,
Jūrkalnes iela 15/25, LV-1046 Riga, Lettland
Printed 2021
ISBN 978-3-7512-0185-8

www.astridlindgren.com
www.astrid-lindgren.de
www.oetinger.de